D'Angelo	ACCIÓN POÉTICA

BANDA SONORA

*Canción compuesta en base a una poesia, "Agua dulce en el mar"
compuesta y escrita por D'Angelo*

D'Angelo ACCIÓN POÉTICA

PRIMERAS PARADAS

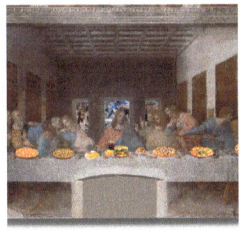

HIPOCRESIA

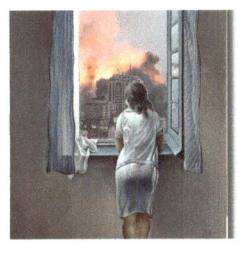

SABOR DE GUERRA

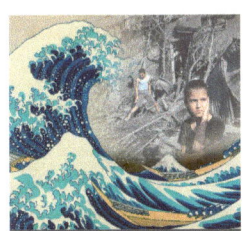

TSUNAMI DE MUERTE

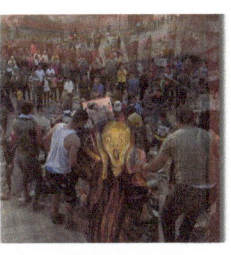

EL GRITO DEL SILENCIO

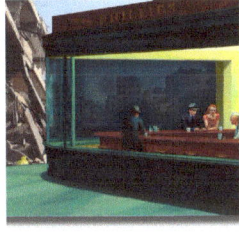

DICOTOMIA

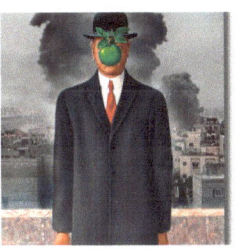

LAS MENTIRAS DEL PRIMER MUNDO

LAS ÚLTIMAS PARADAS

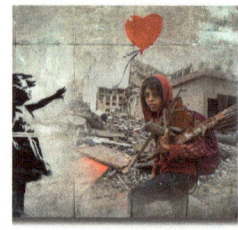

ALIENAZIÓN

7.

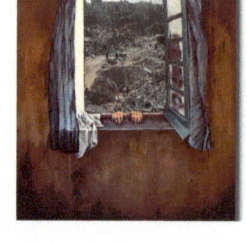

REMORDIMIENTOS

8.

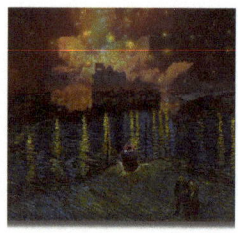

SU ORILLA ARDE

9.

EMPIEZA EL VIAJE

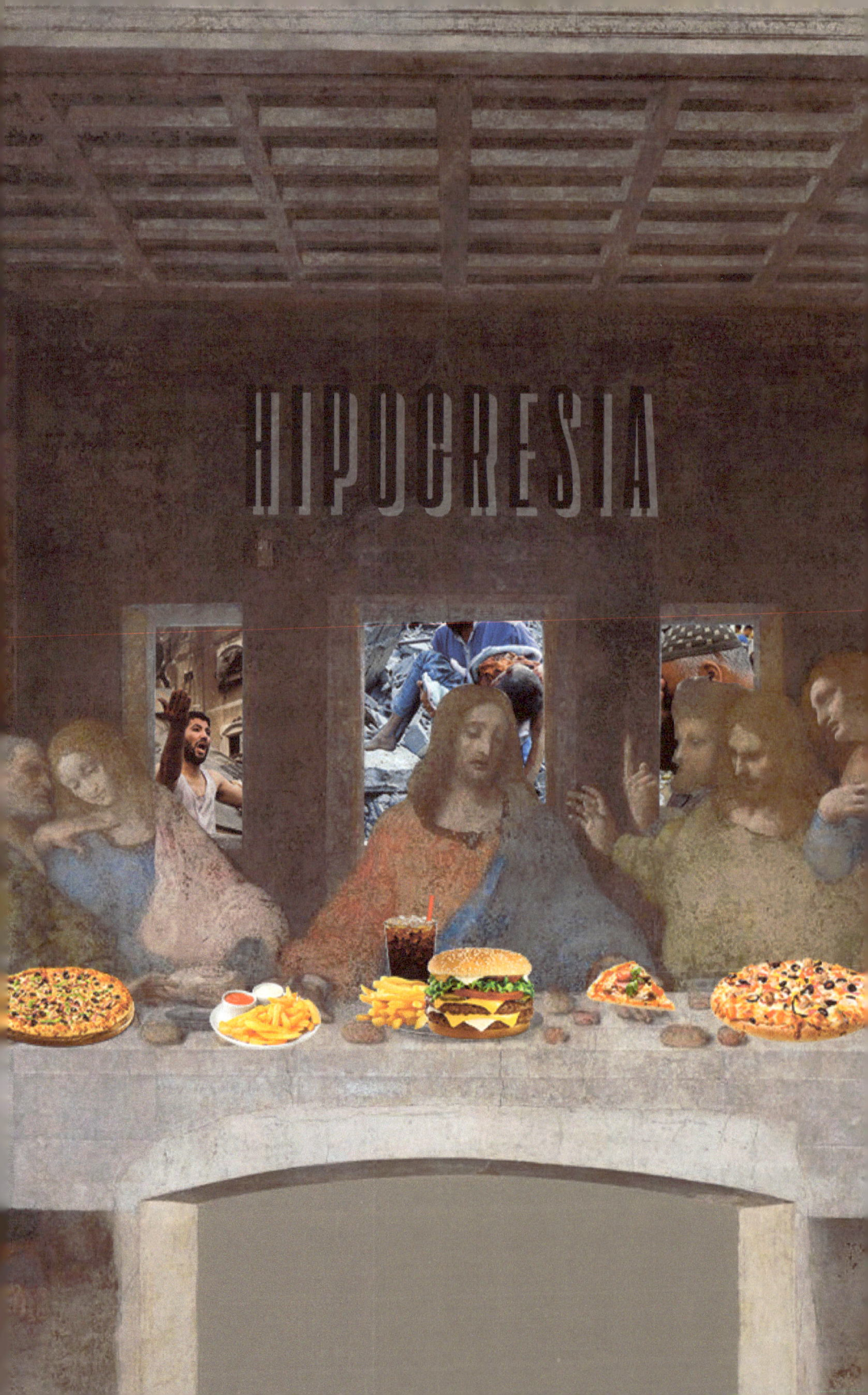

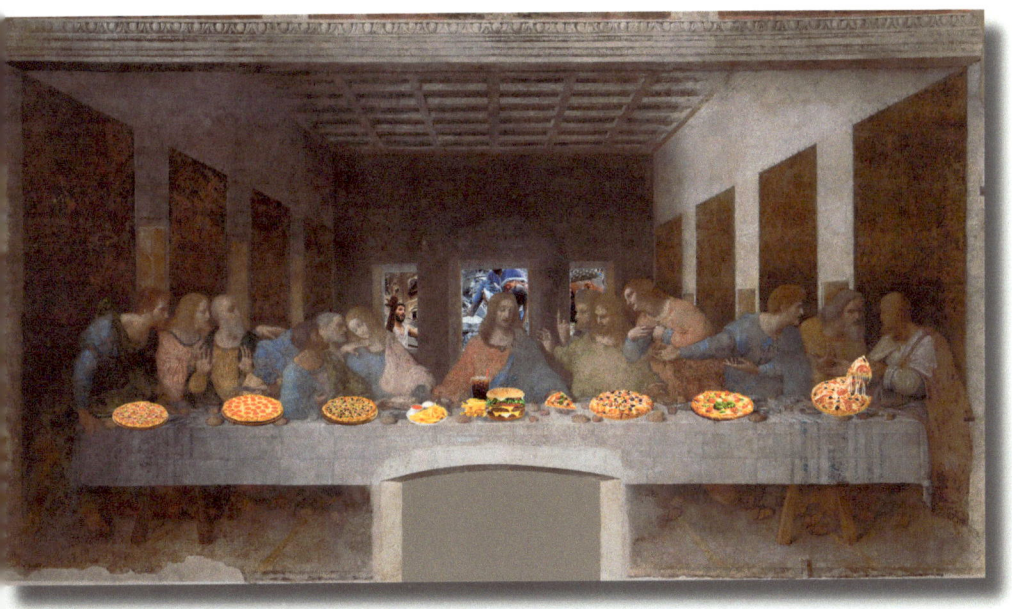

N°1.

Mientras unos pocos (demasiados) comparten el pan, hacen fiesta, rezám y se divierten con las vanalidades, a sus espaldas la muerte golpea a muchos. El ser humano ha aprendido a mirar adelante (quando quiere) dejando a sus espaldas aquello que no le gusta.
¿Remordimientos de conciencia?
Cuando existe la hipocresia, la conciencia inverna sin fecha de caducidad.

———

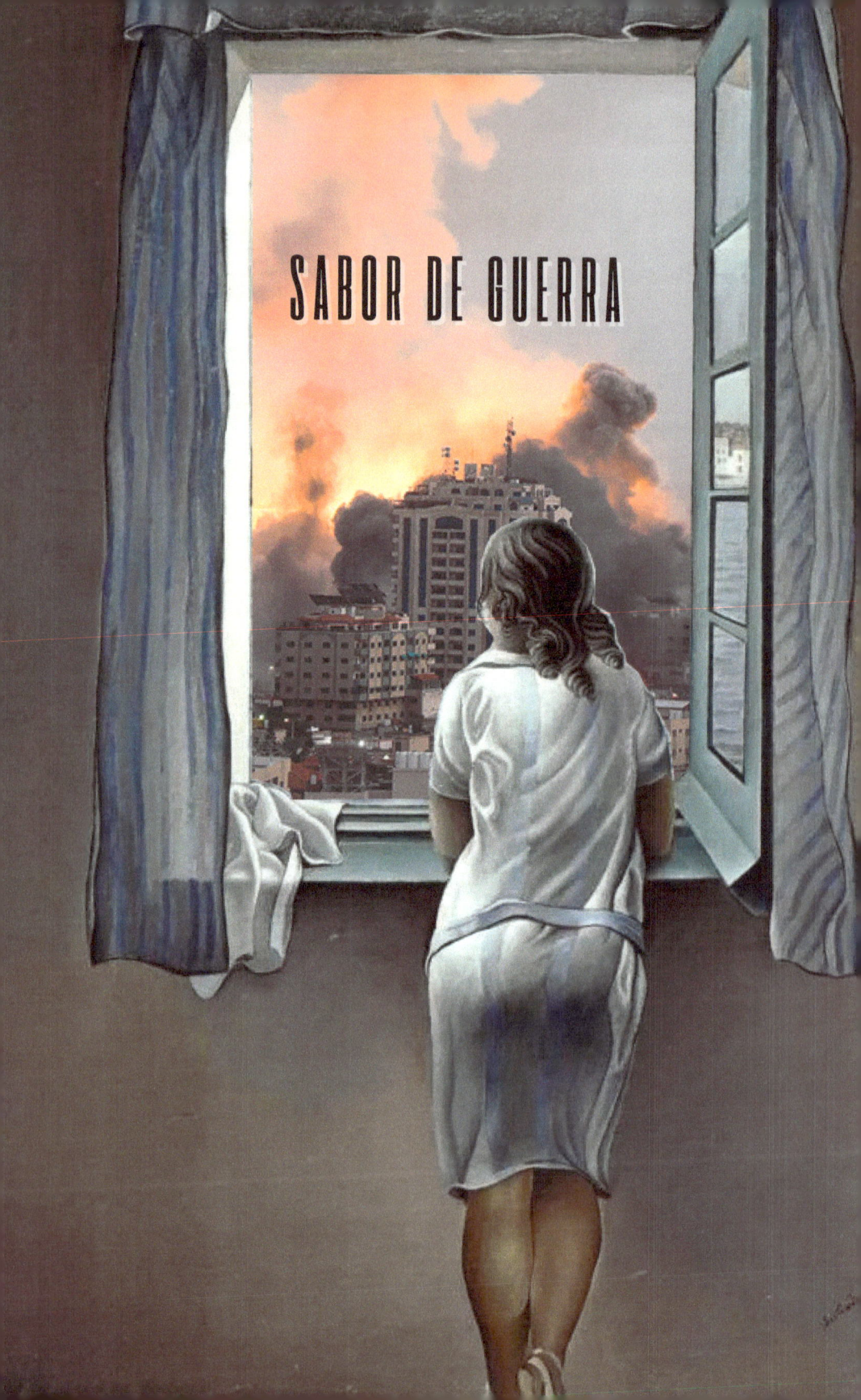

D'Angelo

ACCIÓN POÉTICA

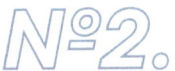

SABOR DE GUERRA

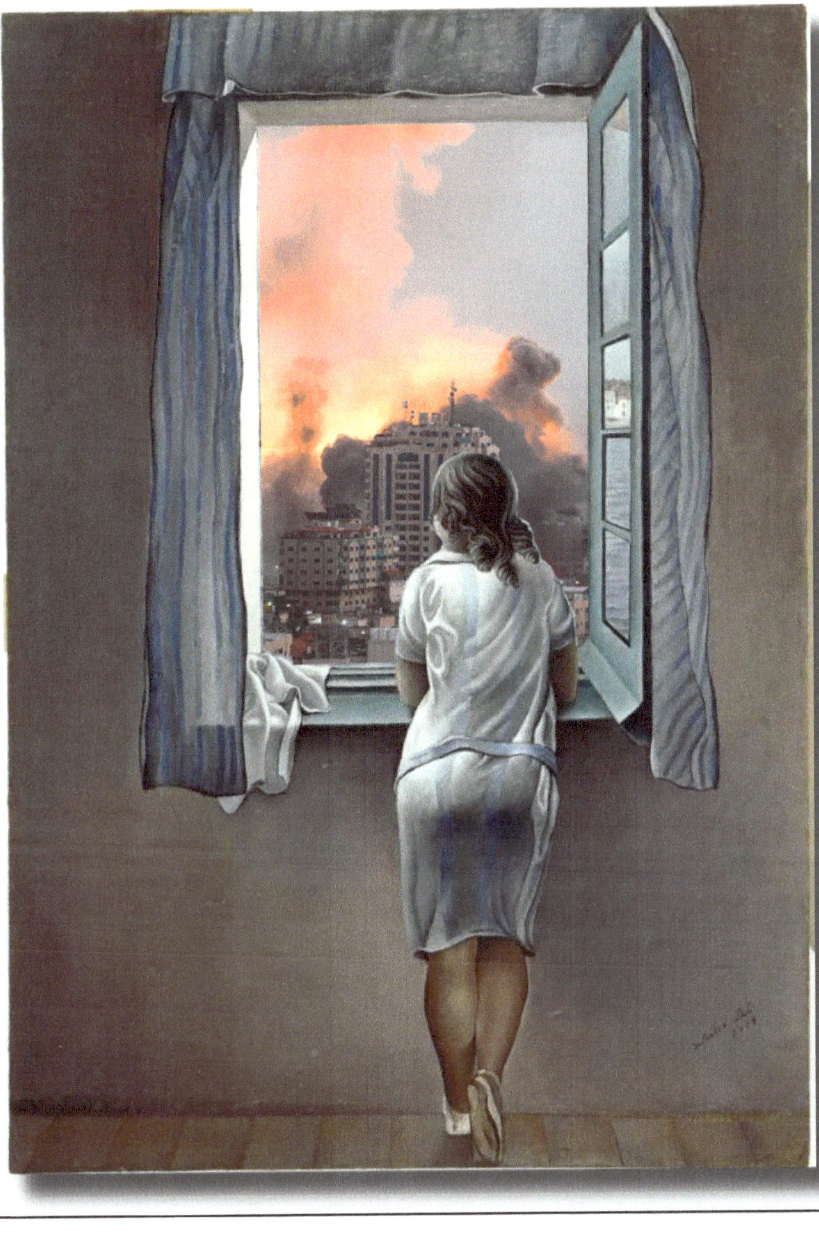

Cada mañana miro por la ventana una ciudad destruida; en el alma mientras tomo mi café, con su maravilloso aroma.
Tú, al contrario, respiras el sabor de una ciudad destruida en el cuerpo, pero no en el alma.

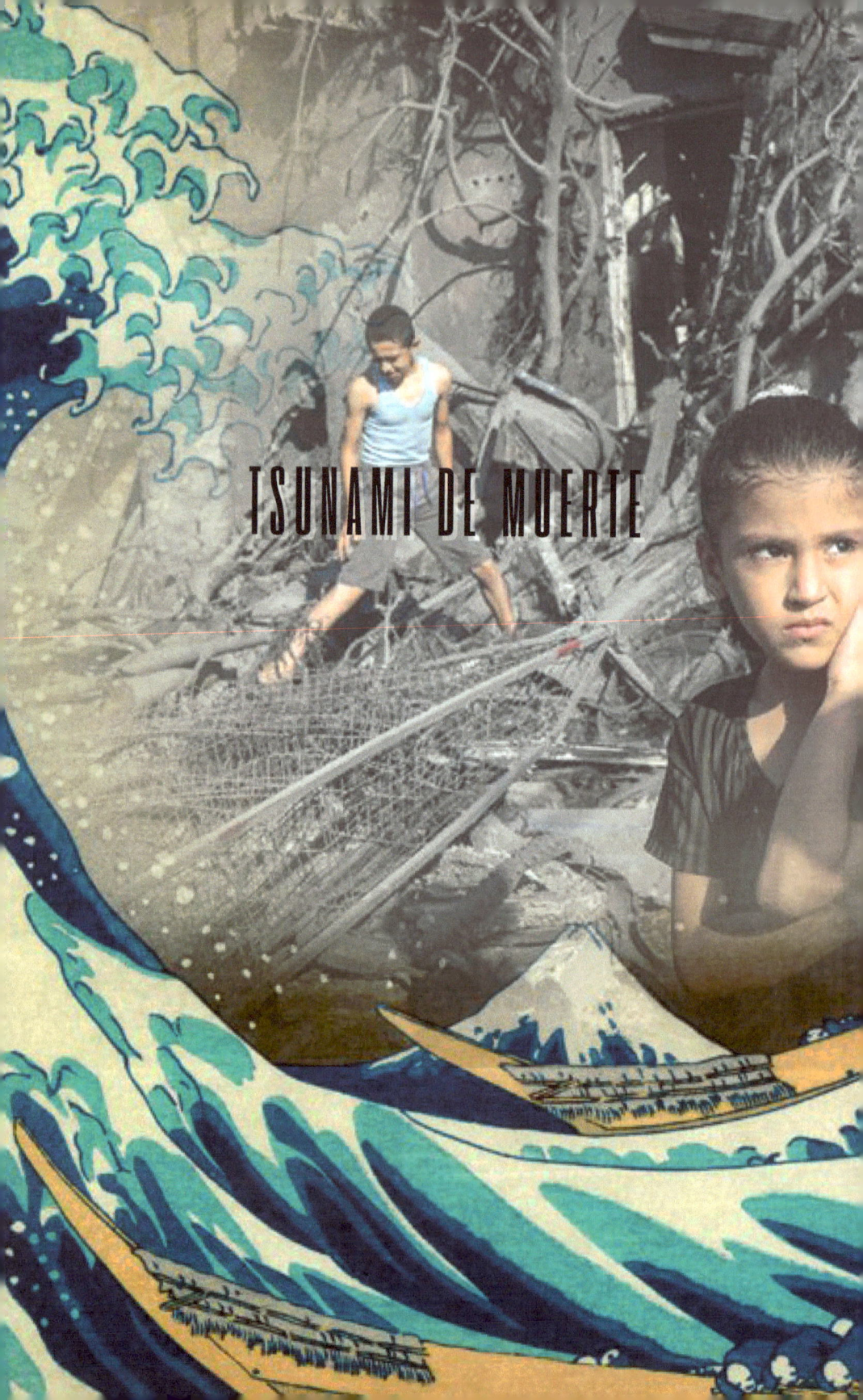

Nº 3.

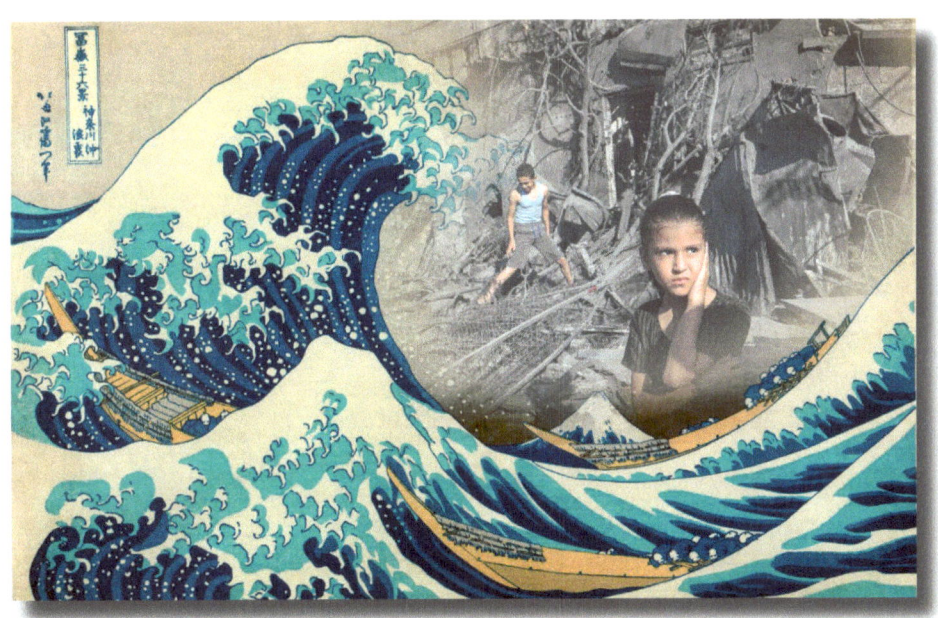

TSUNAMI DE MUERTE

Son las 7 de la mañana, Myke lleva su traje de neopreno, tiene las manos desnudas y puedes sentir el agua del mar en las yemas de los dedos. Su larga melena entre caoba y toques trigo se mueve con el viento. Su cuerpo, aparentemente de carne y con el aspecto de uno de esos cuerpos aún estudiados en las lecciones de historia del arte de la época helenística, busca la ola perfecta, tumbado sobre su tabla de surf. Una enorme, que le haga sentir el poder de retar al mismísimo Poseidón. Una ola tan grande es una lucha entre la muerte y su cuerpo titánico. Sabe que su equilibrio está preparado para surfear cualquier ola. Después de todo, es un campeón olímpico.

Al otro lado del mundo es medianoche pero el cielo está iluminado por el fuego que consume la ciudad. Dormir es un lujo que pocos pueden permitirse en tiempos de guerra. La oscuridad parcial ofrece protección suficiente para caminar entre los restos de lo que alguna vez fue una plaza. Los adoquines que formaban las aceras han sido sustituidos por algo más blando, más... Malak, de 5 años, no sabe qué es. Su madre le dijo que no mirara hacia abajo, sólo hacia adelante. Pero la curiosidad de su edad le hizo descubrir que esa masa blanda era el vientre de un hombre que dormía, sin respirar, sobre el pavimento, en una cama carmesí y pegajosa. "Qué extraños son los adultos", pensó, "duermen en todas partes, sin respirar".

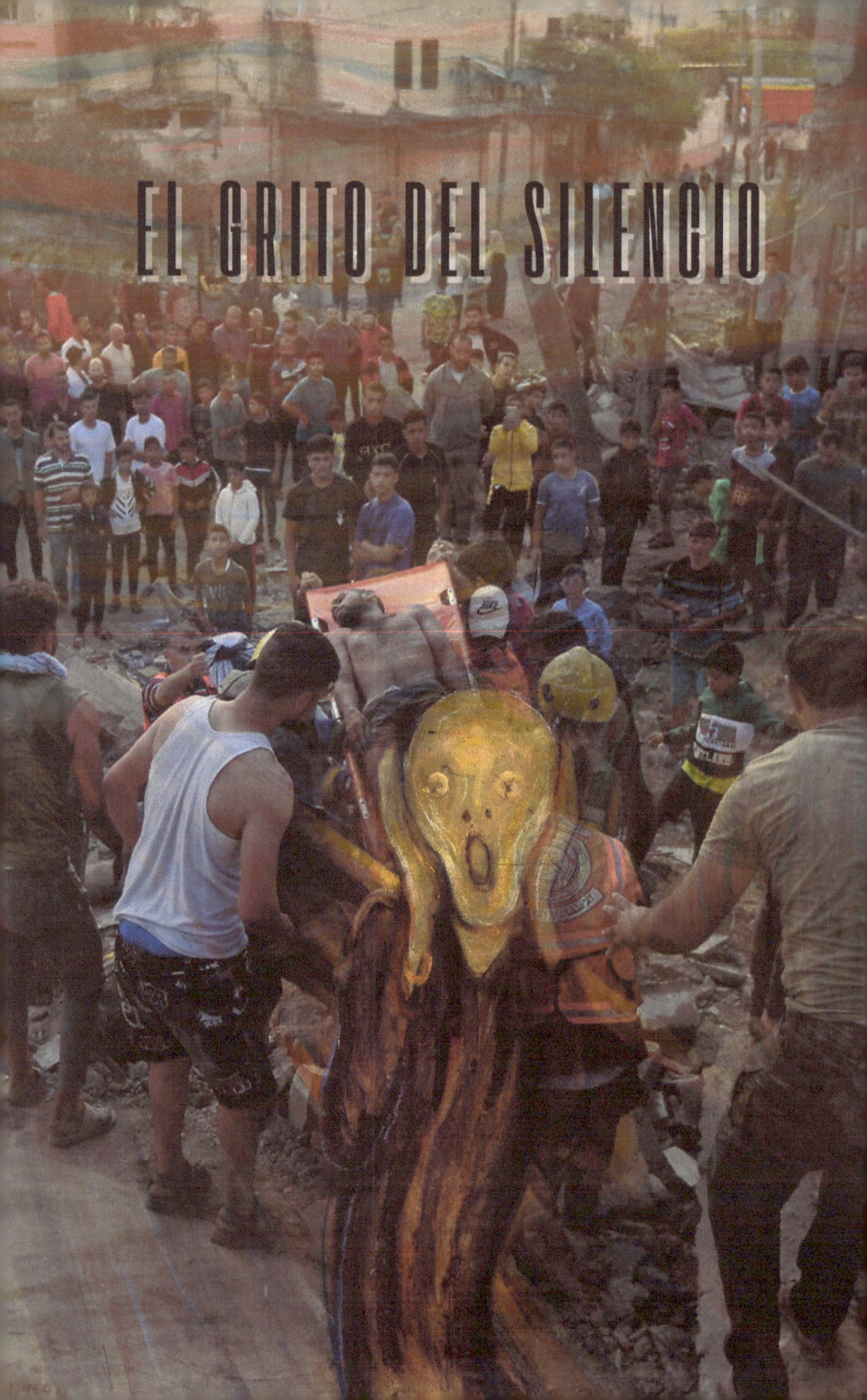

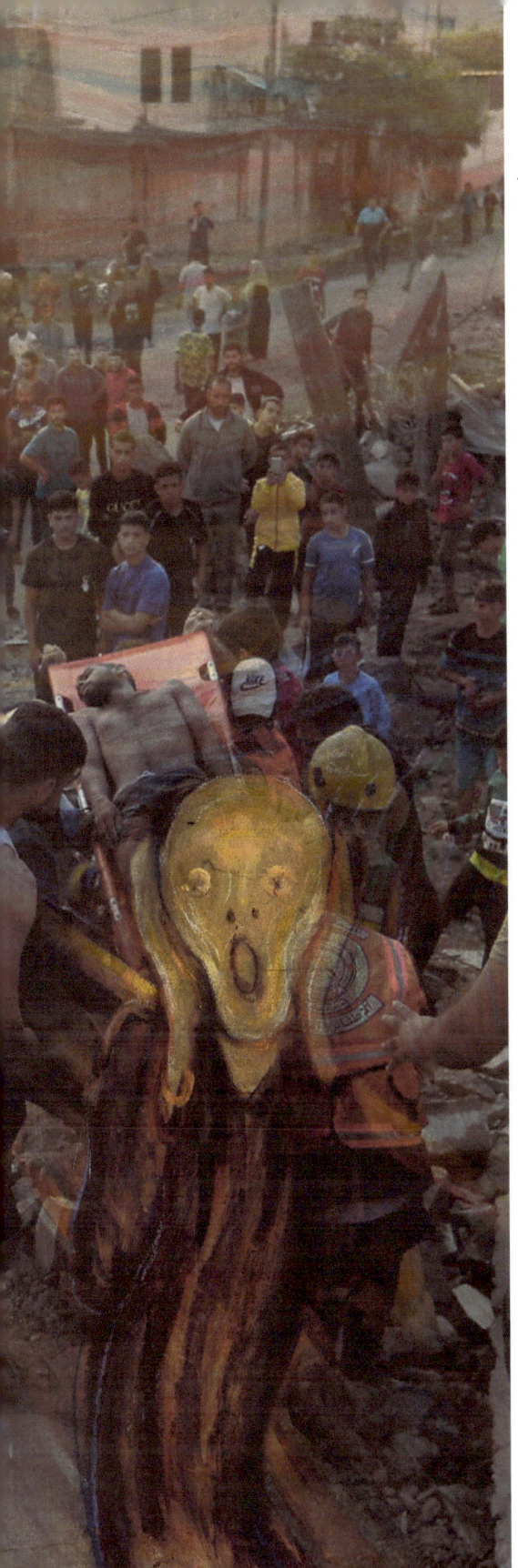

EL GRITO DEL SILENCIO

"EL SILENCIO ESTÁ SOBREVALORADO"

Said ve gritar a su padre. Él que siempre se enojaba cuando el ruido en la casa era más ensordecedor que el de un mosquito. "Casa", algo que ya no existía. La última bomba cayó sobre la suya. Said estaba en clase en ese momento. Mientras que su padre había decidido continuar con su vida, trabajando, y su madre había ido a buscar comida para sobrevivir. "Sobrevivir, ¿qué significaría?" Se preguntó Said la primera vez que escuchó esa palabra; "¿No han sobrevivido siempre?"

Said tenía 7 años y era feliz. Porque no tenía que ir a clase. Su padre le había dicho: "Estudiar es inútil. Para gobernar, para mandar el país o el mundo, hay que ser itioda, inhumano. Esta es la prueba", exclamó, señalando a su alrededor, entre los restos de la que un día había sido su casa.

Quizás papá tenía razón. Pero Said quería ser piloto de F1, no gobernar el mundo. "Tal vez para cosas más sencillas sí fuera necesario estudiar" Pensó.

Nº4.

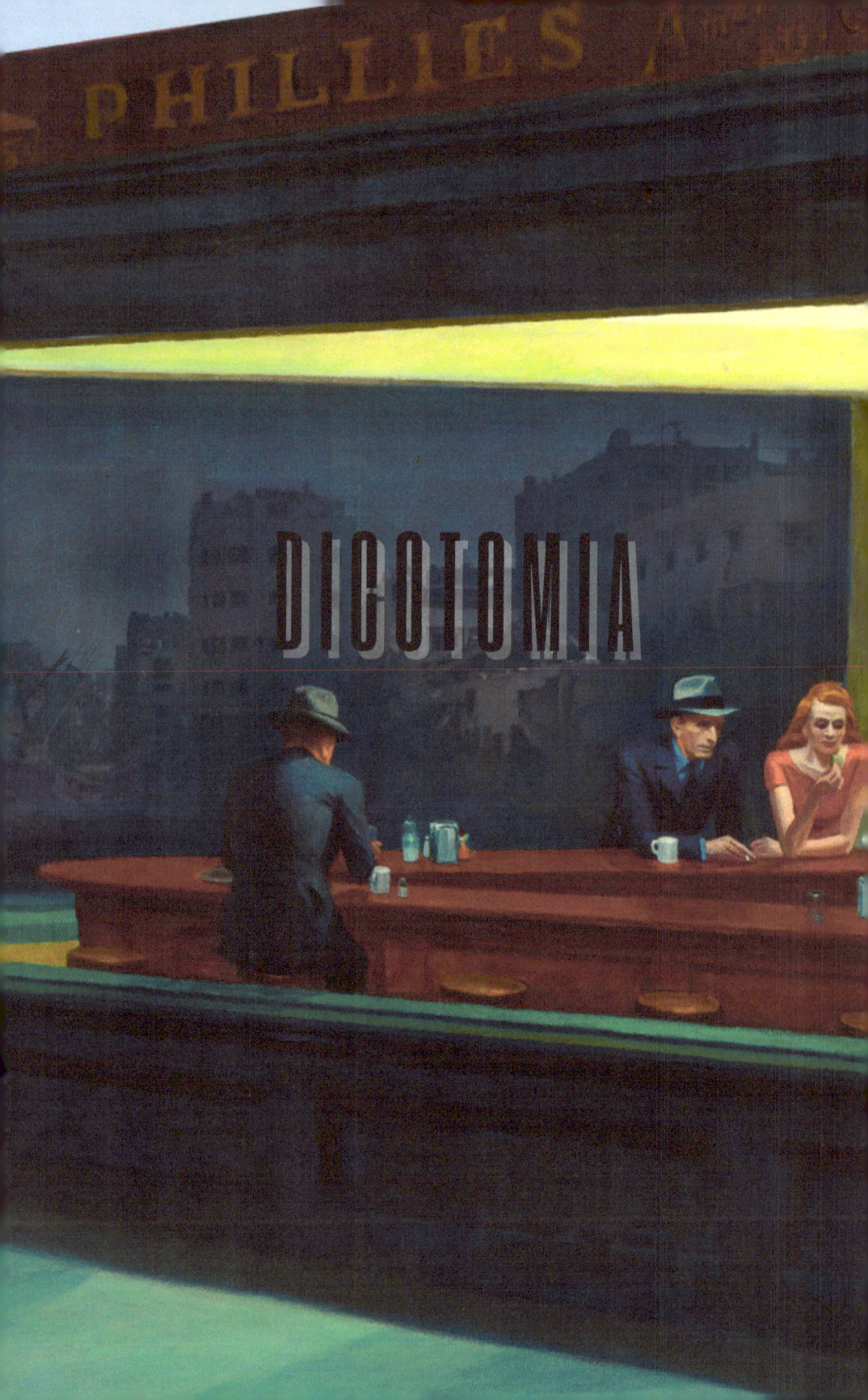

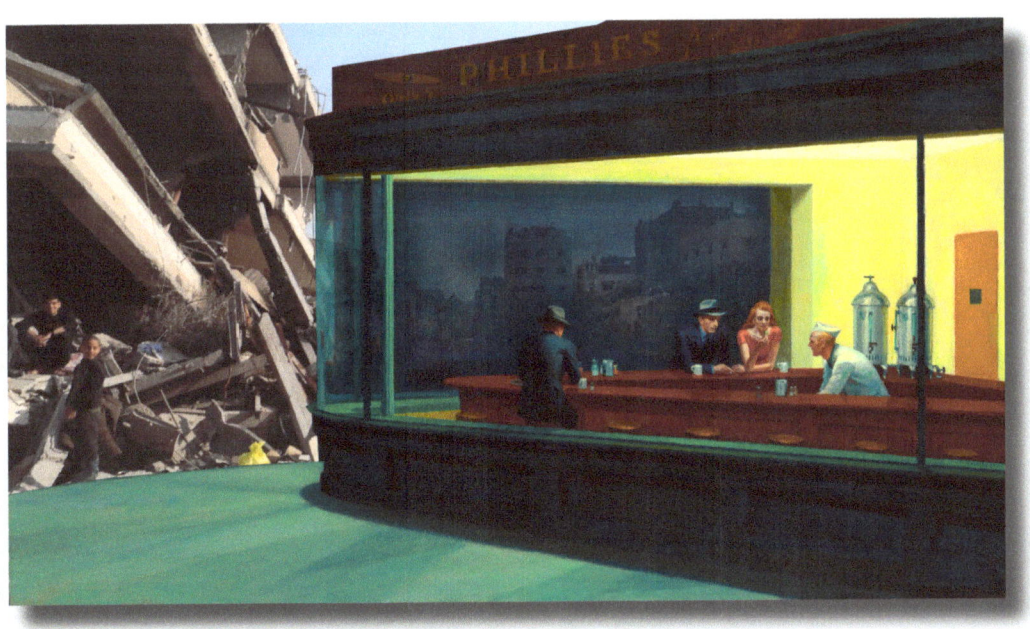

Nº5.

El invierno había llegado a Central Park. John entraba al bar de todas las mañanas y pedía su café. Cálido y lleno de cafeína para afrontar un nuevo día de trabajo. Wall Street ardía a causa de la guerra. Esos malditos Bitcoins estaban jugando al "ahora sí ahora no", en un balancín que lo volvía loco. Necesitaba energía para pasar el día y poder obtener algún beneficio.

En el bar estaba May, John en realidad no sabía su nombre pero era la mujer más hermosa que había visto en su vida. Más que su esposa, la muy burra ya era una anciana de cara fea. Pero May, con su pelo rojo y sus ojos glaciares, lo había conquistado.

John se rió sombríamente, pensando en la ironía de que sus ganancias actuales dependieran de cuántas personas murieran a 5.690 millas de distancia.

———

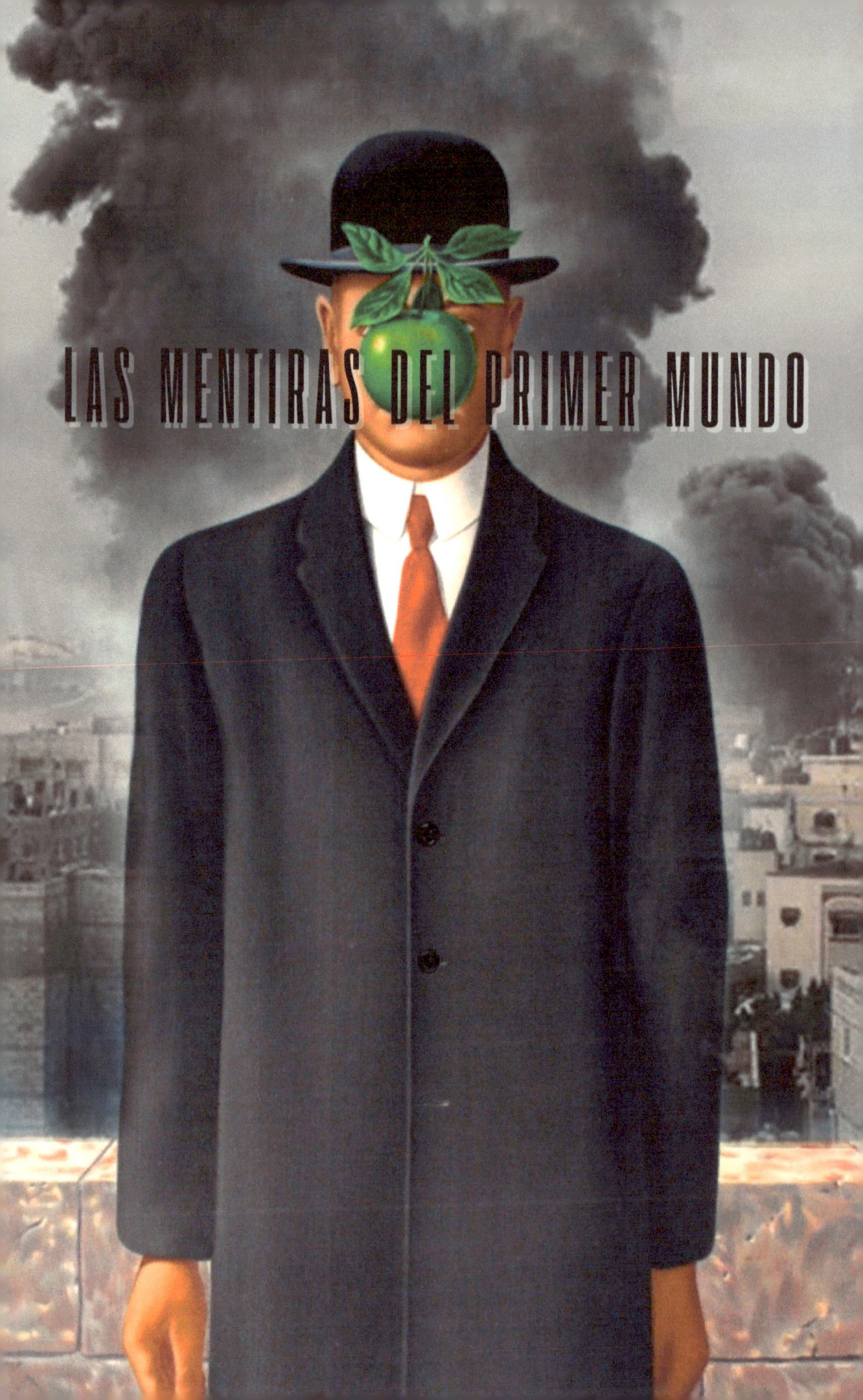

D'Angelo ACCIÓN POÉTICA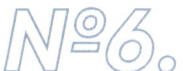

LAS MENTIRAS DEL PRIMER MUNDO

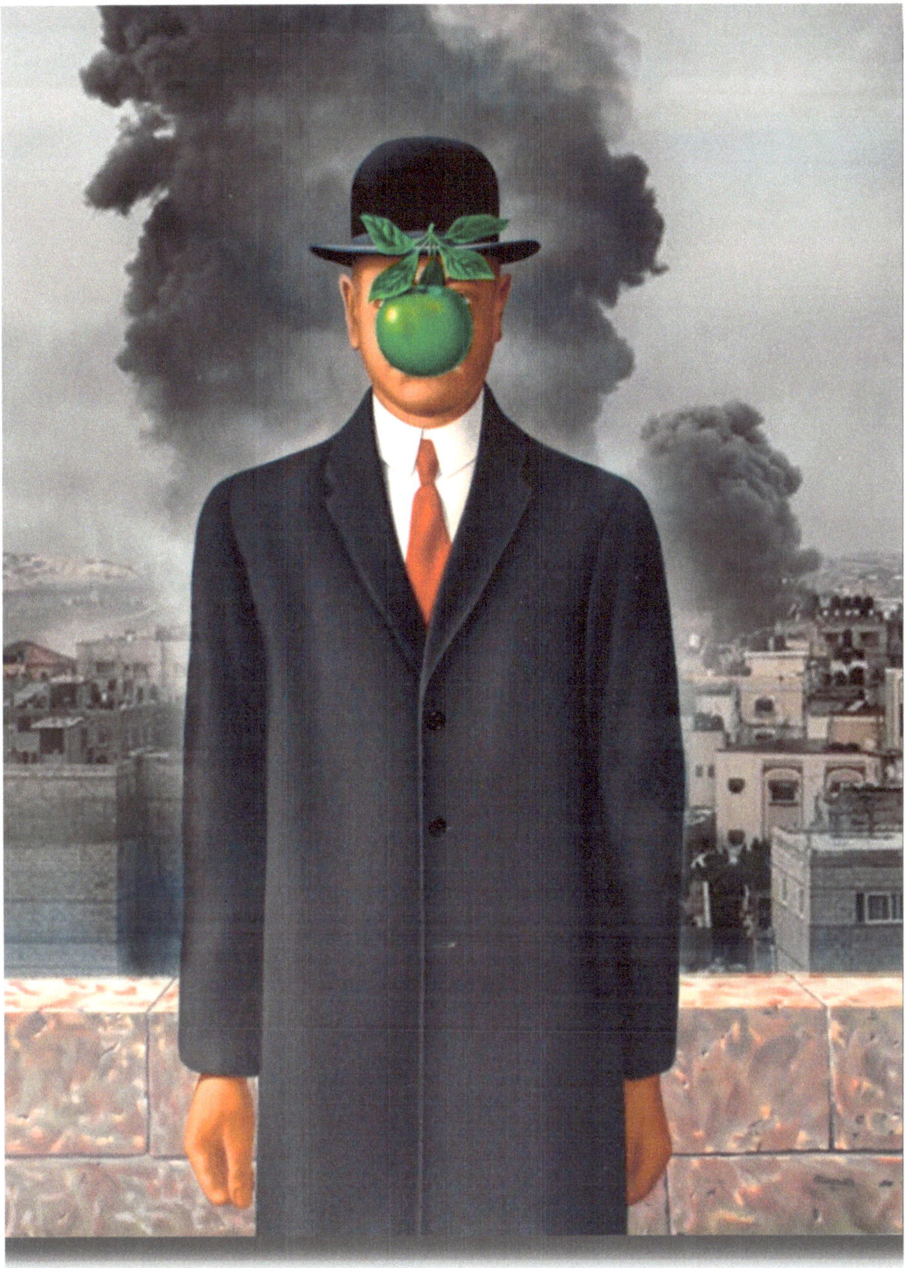

Os ayudaremos ~~(todo dependiendo del beneficio que obtengamos con vuestra muerte)~~ porque es lo que hay que hacer.

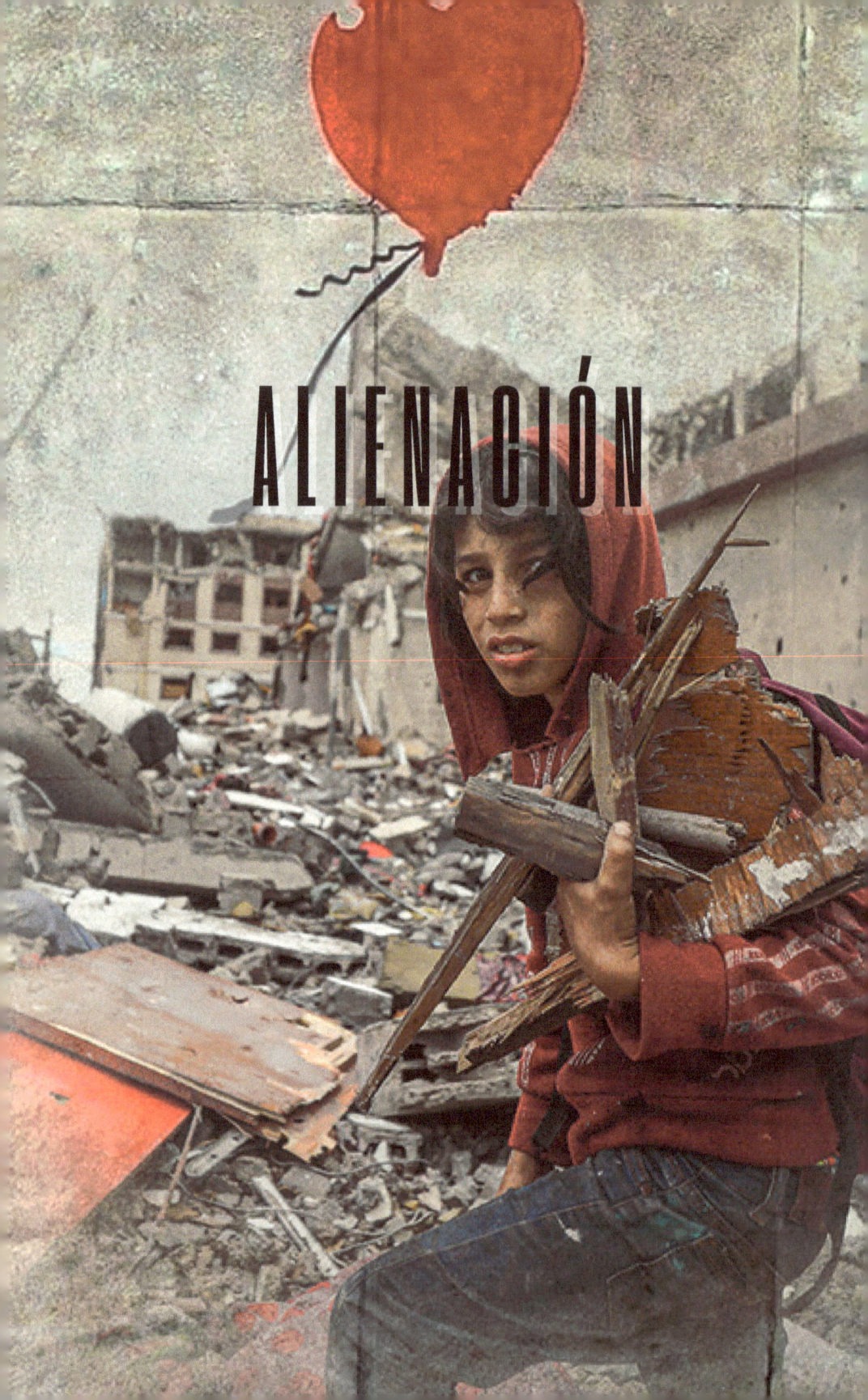

D'Angelo

ACCIÓN POÉTICA

№7.

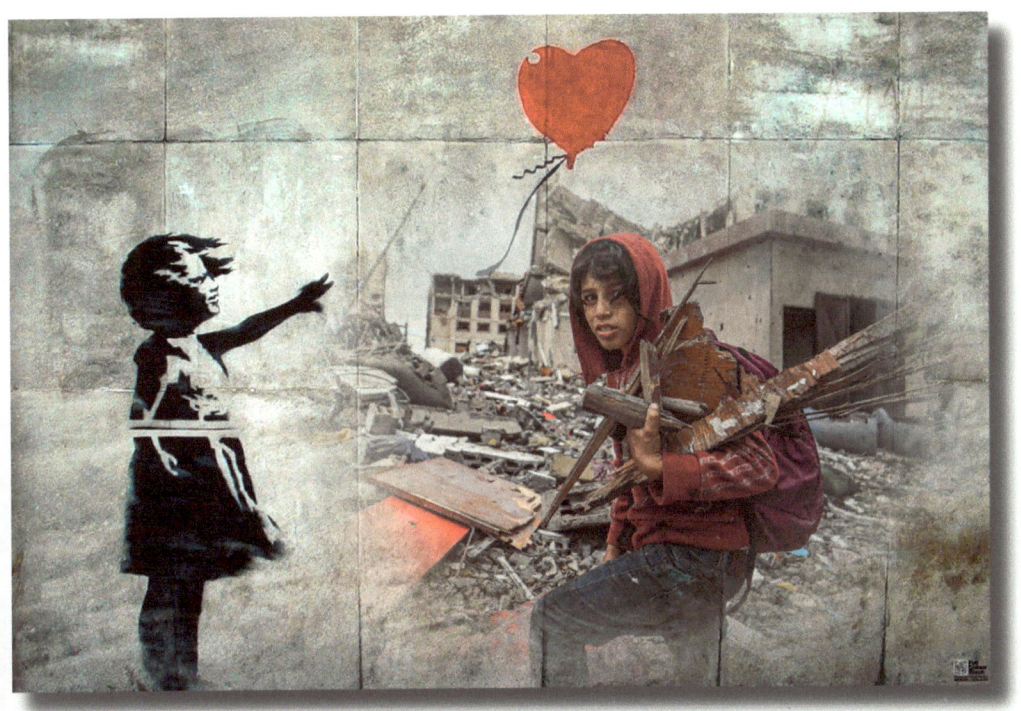

ALIENACIÓN

"Mierda" exclamó Antonio mirando su Iphone. Instagram no funcionaba y Tiktok tampoco. Volvieron a caer. Antonio tiene 23 años, es un influencer que vive en Madrid y su público espera su vídeo diario. En el metro la gente no le hace caso sin saber que están a pocos metros de una estrella de las redes sociales con más de dos millones de seguidores. Vale, el 40% son bots comprados, pero eso no cuenta o eso es lo que siempre se decía. "¿Y qué hago ahora?" Se preguntó. Nadie comprende la dureza de la vida de un influencer que vive en la capital de un país europeo, con transporte, restaurantes, bares en cada esquina y un sistema sanitario gratuito.

"Mierda", gritó Abdel cuando sintió una astilla alojarse en su mano. Estaba recogiendo toda la madera que podía de los escombros de aquel viejo edificio, tal como le había pedido su padre, para hacer fuego por las noches y no morir congelado. Abdel miró la astilla, pero no era una astilla, era un clavo de metal oxidado que le había penetrado la mano y le había atravesado la palma de lado a lado.
Abdel tiene 13 años y quiere ir a clases pero su padre le dijo que era para los ricos, para tiempos mejores. Abdel había visto cómo su vida había cambiado de un día para otro. Con la caída de las primeras bombas dejó de ir a clases, de poder jugar al fútbol con sus amigos, de comer tres veces al día y, sobre todo, de poder soñar con un futuro fuera de aquel, como decía su padre; "lager". ".

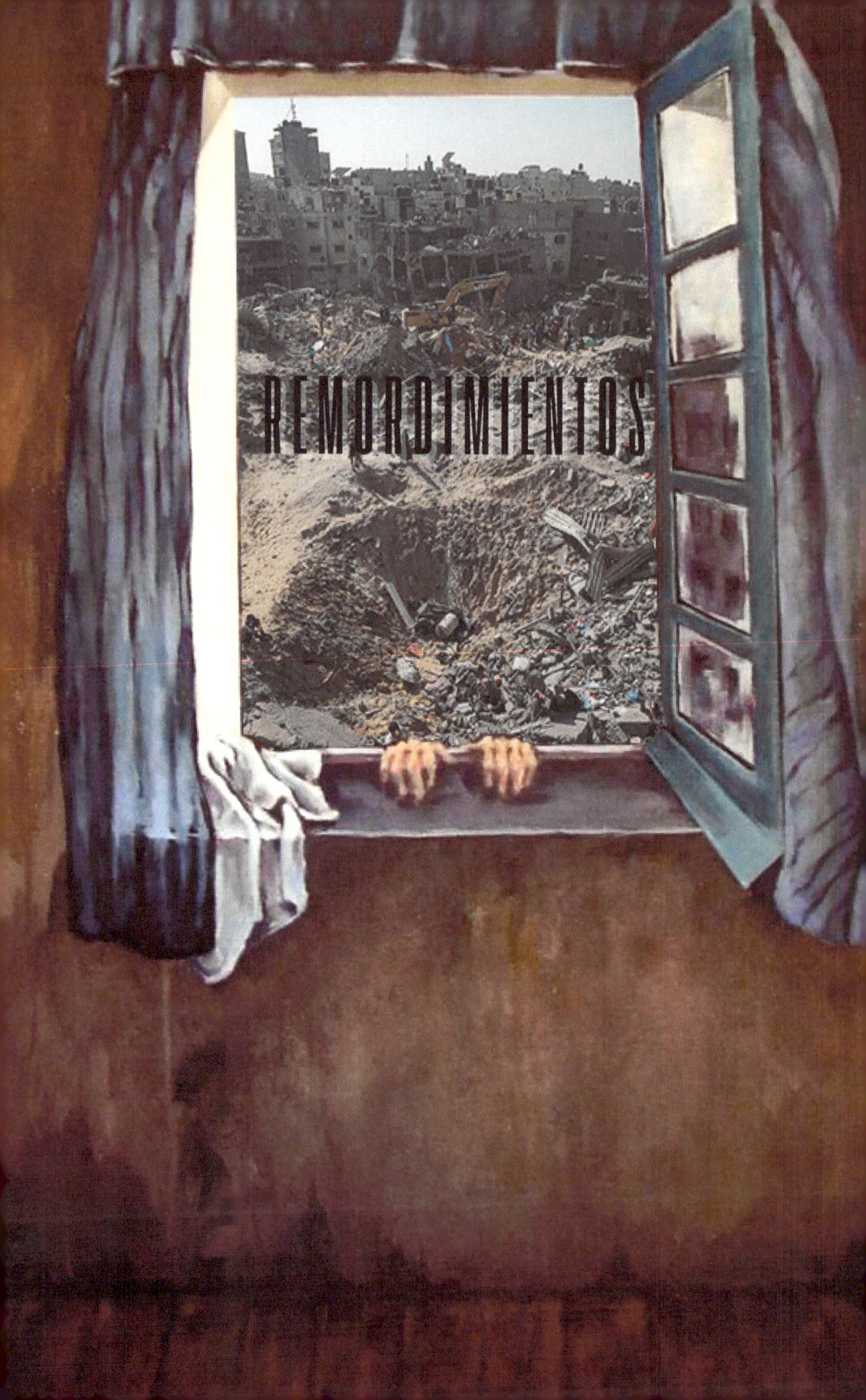

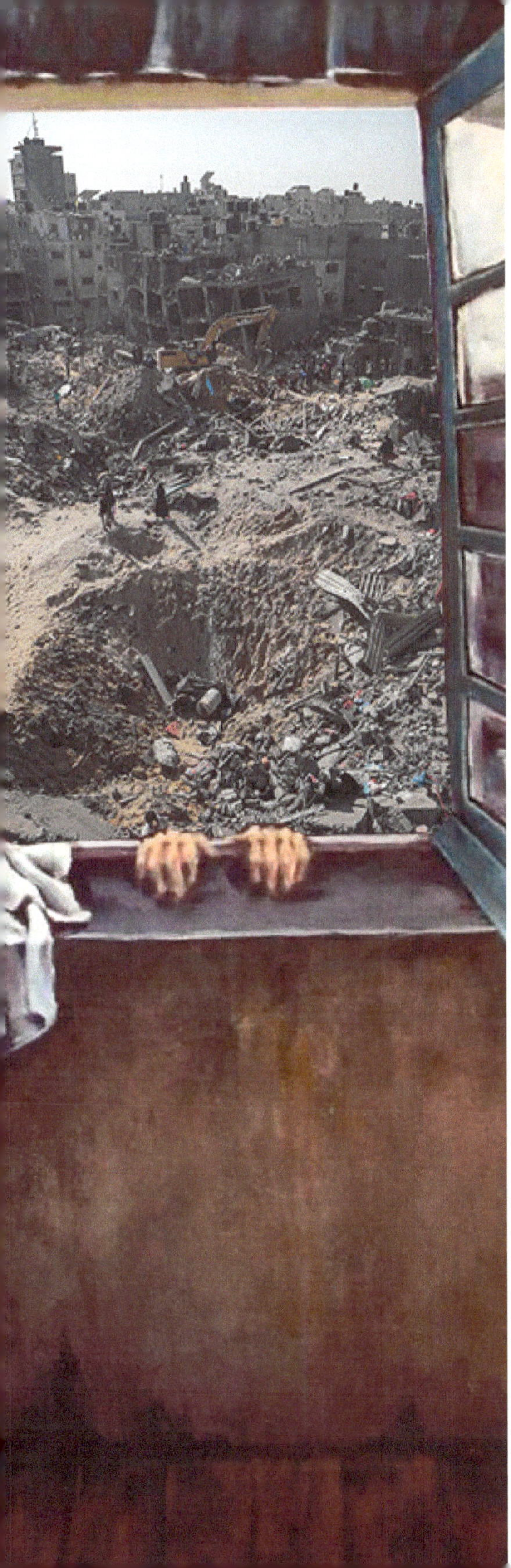

REMORDIMIENTOS

¿QUÉ HAGO AQUÍ?

Christian tomó su cámara y comenzó a tomar fotografías.

A través de su teleobjetivo podía ver la crueldad de este genocidio. Enviado por una prestigiosa revista, cada fotografía representaba tres cifras que incrementaron su saldo bancario. Había alquilado un apartamento por menos de lo que costaba un café en su ciudad natal y con el pago de cada fotografía podía pagar una casa con todas sus comodidades por más de seis meses. Esto lo hacía reflexionar mientras tomaba fotografías paralelas a los disparos de los soldados que habían ingresado en la ciudad.

Una cosa tenían en común; Christian hacía fotos, disparaba, sin importar si los que tenían delante eran hombres, niños, mujeres, bebés... lo importante para los soldados parecía ser que los ciudadanos hambrientos dejaran de intentar coger comida de un camión que en la teoría llegó para aliviar la situación de dolor en esa zona.

"Un observador, eso es lo que soy", pensó Chris, como se hacía llamar entre sus amigos. Un pensamiento que le dolió. "¿Cuál es el punto de esto? ¿Puedo hacer más?" Este fue el último pensamiento que tuvo tiempo de pensar. Su teleobjetivo no tenía filtro CPR y los reflejos habían llamado la atención de uno de los soldados, quien, confundiéndolo con un francotirador, intercambió su última fotografía con una bala.

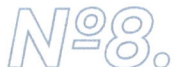

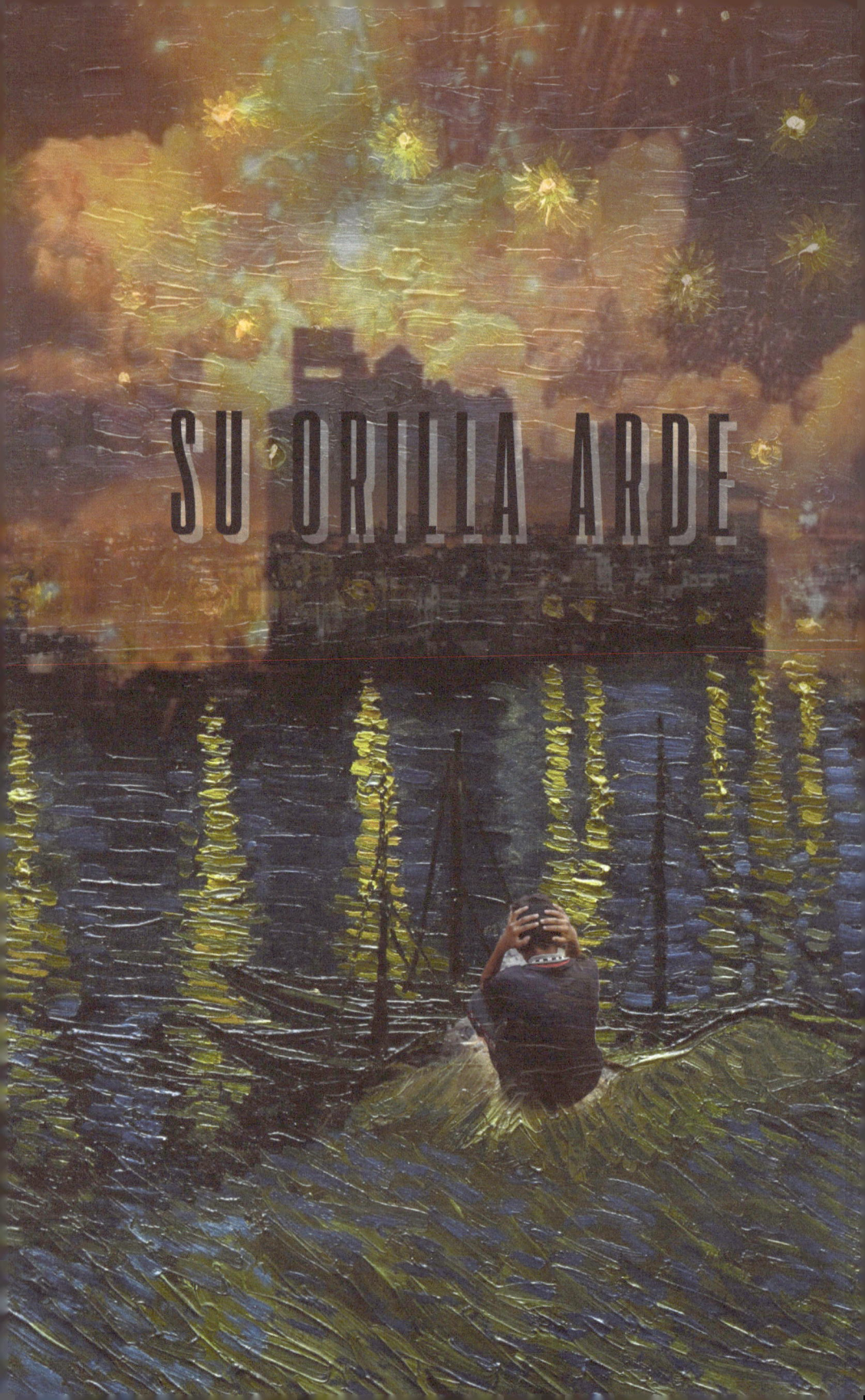

D'Angelo   ACCIÓN POÉTICA   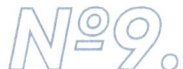

SU ORILLA ARDE

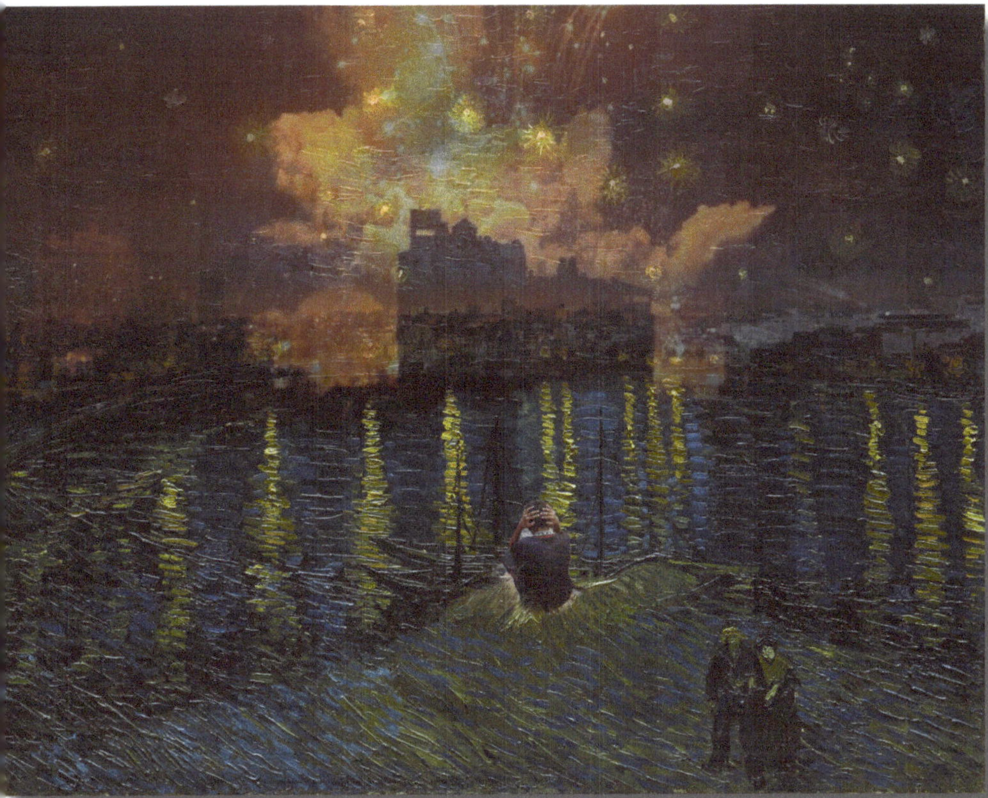

"No pasa nada, no es asunto mío" es la frase más repetida para justificar casi todas las ignominias. Vemos el otro lado del río en llamas pero creemos que el agua que nos separa siempre permanecerá ahí, siendo la barrera que nos protege.
Pero el fuego ha aprendido a caminar sobre la tierra, volar por el aire y navegar por las aguas.

D'Angelo

ACCIÓN POÉTICA

¿Y AHORA?

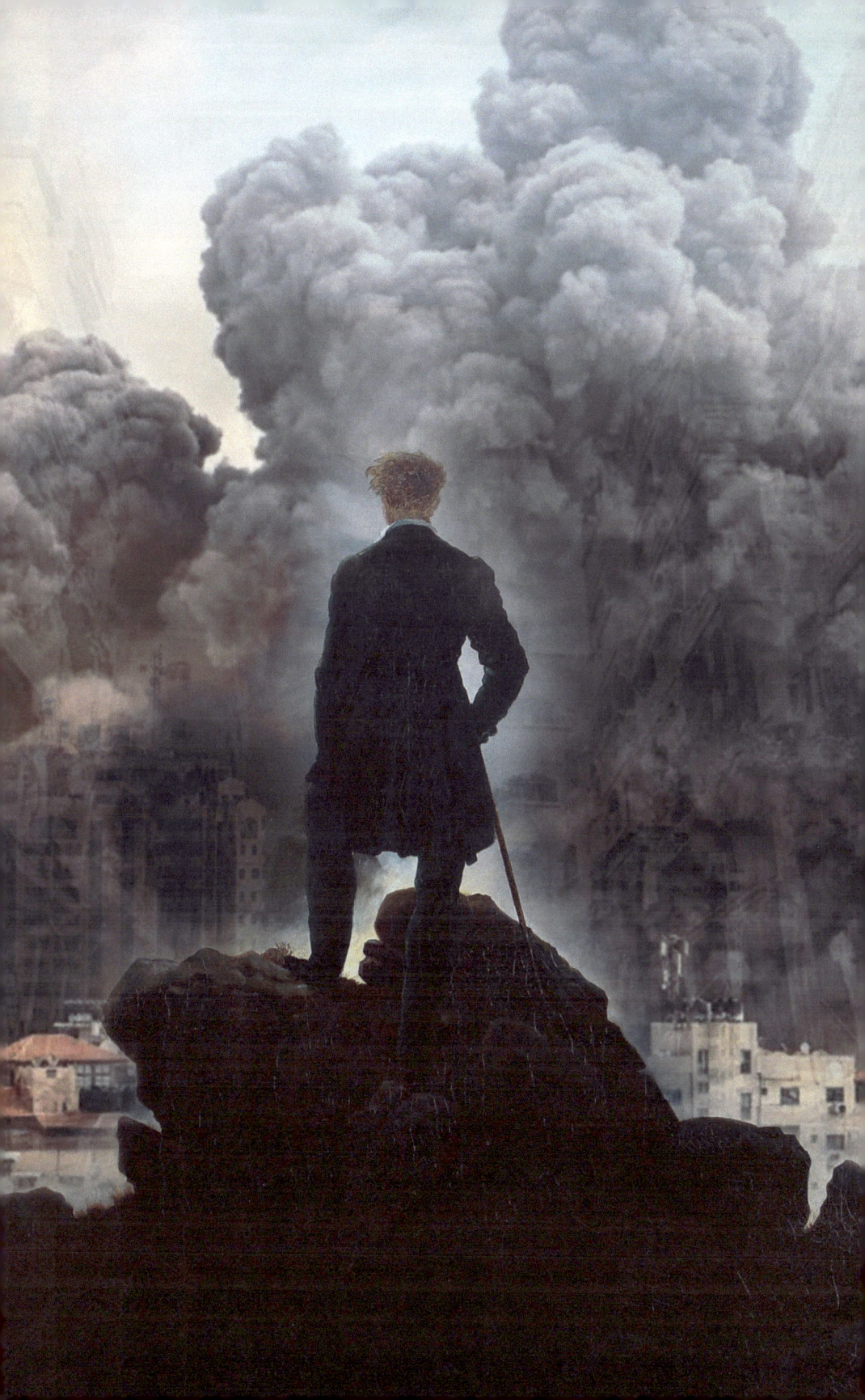

www.ingramcontent.com/pod-product-compliance
Lightning Source LLC
Chambersburg PA
CBHW040350220526
45473CB00009B/2837